POR QUE ÉTICA É MAIS IMPORTANTE DO QUE RELIGIÃO

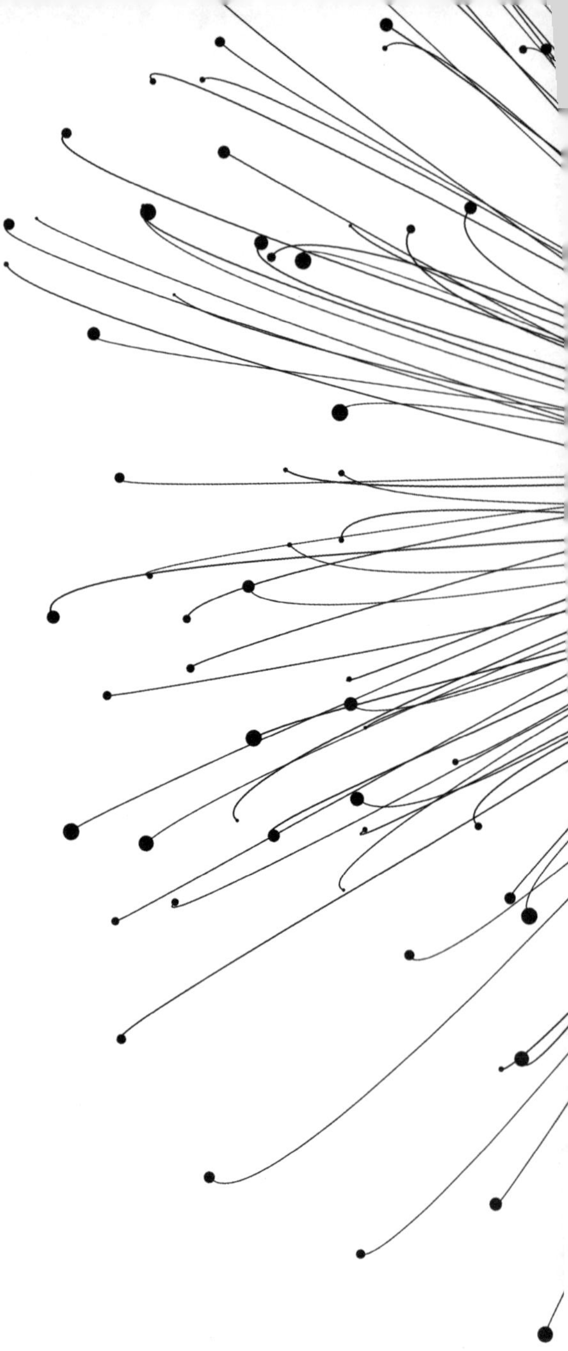

POR QUE ÉTICA É MAIS IMPORTANTE DO QUE RELIGIÃO

SUA SANTIDADE
DALAI LAMA
& FRANZ ALT

Tradução:
CAROLINA CAIRES COELHO

HarperCollins

Título original: An appeal to the world

HarperCollins Brasil
Rua da Quitanda, 86, sala 218 – Centro – 20091-005
Rio de Janeiro – RJ
Tel.: (21) 3175-1030
www.harpercollins.com.br

CIP-Brasil. Catalogação na Publicação
Sindicato Nacional dos Editores De Livros, RJ

D138p
Dalai-Lama, 1935-
Por que a ética é mais importante que a religião / Dalai-Lama com Franz Alt ; tradução Carolina Caires Coelho. - 1. ed. - Rio de Janeiro : Harper Collins, 2018.
72 p.

Tradução de: An appeal by the Dalai Lama to the world
ISBN 978-85-9508-269-4

1. Felicidade - Aspectos religiosos - Budismo. 2. Budismo - Doutrinas e controvérsias. 3. Vida espiritual - Budismo. 4. Meditação - Budismo. I. Alt, Franz. II. Coelho, Carolina Caires. III. Título.

17-46323 CDD: 294.3443
CDU: 24-7

SUMÁRIO

Sua santidade, o Dalai Lama, o jornalista de TV dr. Franz Alt e a Benevento Publishing doarão todos os royalties e lucros deste pequeno livro à German Aid to Tibetans.

PREFÁCIO

"NÃO TENHO INIMIGOS"

"Não tenho inimigos, só pessoas que ainda não conheci", me disse o Dalai Lama há mais de duas décadas. Ele também disse: "Temos muito o que aprender com nossos inimigos. De certo modo, eles são nossos melhores professores." Essas palavras do refugiado mais famoso do mundo — e também um dos mais velhos — são muito sábias e ainda assim realistas. Exilado na Índia, foi forçado a viver fora de sua terra, ocupada pelos chineses desde 1959, mas não nutre ódio pelo povo chinês, tampouco por seus líderes. Pelo contrário, às vezes ele diz ser um "budista comunista" ou um "comunista budista" e afirma até mesmo orar pelos líderes comunistas em Beijing, acrescentando com uma risada: "Na Europa, eu votaria no partido Verde, porque o problema do meio ambiente é uma questão de sobrevivência".

Ao longo de 35 anos, nós nos encontramos mais de trinta vezes e fizemos quinze entrevistas para a televisão. Poucas vezes conheci um entrevistado tão empático ou tão bem-humorado. Nenhum riu mais do que ele. Não é à toa o fato de ele ter sido votado, em pesquisas, como a pessoa mais agradável do mundo. Nos últimos anos, o Dalai Lama passou a considerar a ética cada vez mais importante nas divisões religiosas. E hoje ele vai um pouco além, fazendo uma afirmação inédita para um líder religioso: "A ética é mais importante do que a religião. Não nascemos membros de uma determinada religião. Mas a ética é inata." Nas palestras que dá, ele se refere à "ética secular além de todas as religiões" com cada vez mais frequência. Albert Schweitzer tinha outro termo para o mesmo conceito: "respeito pela vida".

A ética secular do Dalai Lama transcende limites nacionais, religiosos e culturais, além de definir valores inatos em todas as pessoas, que se aplicam em cada um da mesma maneira. Não são valores superficiais e materiais, são valores internos como *mindfulness*, compaixão, treinar a própria mente e a busca pela felicidade. "Se quisermos ser felizes, devemos praticar a compaixão, e se quisermos que as outras pessoas sejam

Sua santidade e o coautor Franz Alt

felizes, devemos praticar a compaixão da mesma maneira. Todos nós preferimos ver rostos sorridentes em vez de carrancas", afirma ele.

Uma das principais crenças do Dalai Lama é esta: todas as pessoas estão unidas pela busca da felicidade e pelo desejo de evitar sofrimento. Esta é a fonte das maiores conquistas da humanidade. Por esse motivo, devemos começar a pensar e a agir com base em uma identidade enraizada nas palavras "nós humanos".

O Dalai Lama acredita que sem a ética secular, não podemos resolver todos os problemas atuais, como as guerras no Oriente Médio, na Ucrânia, na Somália e na África do Norte, 20 milhões de refugiados no mundo, guerras civis na Nigéria e no Afeganistão, mudança climática e a crise ambiental, a crise financeira global e a fome mundial. Ele explica e elabora suas declarações revolucionárias na conversa a seguir. O que ele sugere é uma revolução de empatia e compaixão — uma revolução que combine todas as revoluções anteriores. Sem a empatia e a compaixão, a evolução não teria acontecido, para começo de conversa.

Em janeiro de 2015, abalado com o ataque terrorista islâmico no departamento editorial do jornal satírico *Charlie Hebdo* e em um supermercado judeu em Paris, o Dalai Lama disse: "Em alguns dias, eu acho que seria melhor se religiões não existissem. Todas as religiões e todas as escrituras cultivam o potencial para a violência. É por isso que precisamos da ética secular além de todas as religiões. É mais importante as escolas terem aula sobre ética do que sobre religião. Por quê? Porque é mais importante para a sobrevivência da humanidade ter consciência de nossas afinidades do que enfatizar constantemente o que nos divide." Esse *insight* foi a faísca para a entrevista que você vai ler neste livro.

Aqui está uma mensagem nova que pode mudar o mundo.

Franz Alt

Baden-Baden, Alemanha, março de 2015.

UM APELO DO DALAI LAMA PARA A ÉTICA SECULAR E PARA A PAZ

Há milhares de anos, a violência é cometida e justificada em nome da religião. As religiões têm sido intolerantes e ainda são em muitos casos. A religião costuma ser abusada ou explorada — até mesmo por líderes religiosos — para aprofundar interesses políticos ou econômicos. Por isso, afirmo que, no século XXI, precisamos de uma nova forma de ética além da religião. Estou falando de uma ética secular que pode ser útil para mais de um bilhão de ateus e um número cada vez maior de agnósticos. Mais integral do que a religião é nossa espiritualidade humana fundamental. É a afinidade que nós humanos temos para o amor, para o bem e para o afeto — independentemente da religião a qual pertençamos.

Eu acredito que os seres humanos possam sobreviver sem a religião, mas não sem valores, não sem ética. A diferença entre a ética e a religião é como a diferença entre a água e o chá. A ética com base na religião e nos valores interiores é mais como a água. O chá é feito praticamente só de água, mas tem outros ingredientes — folhas de chá, temperos, talvez um pouco de açúcar e, pelo menos no Tibete, uma pitada de sal — e isso o torna mais substancial, mais duradouro, algo que desejamos beber todos os dias. Mas, independentemente de como o chá é preparado, seu principal ingrediente é sempre a água. Podemos viver sem o chá, mas não sem a água. Da mesma maneira, nascemos sem a religião, mas não sem a necessidade básica por compaixão — e não sem a necessidade fundamental por água.

Vejo com cada vez mais clareza que nosso bem-estar espiritual não depende de religião, mas de nossa natureza humana inata, de nossa afinidade natural com a bondade, a compaixão e o cuidado com os outros. Independentemente de termos ou não uma religião, todos temos um poço fundamental e profundamente humano de ética dentro de nós. Precisamos cuidar dessa base ética compartilhada. A ética, ao contrário da religião, se baseia na natureza humana. E é assim que atuamos para preservar a criação. É assim que colocamos religião e ética em prática. A empatia é a base da coexistência humana. Acredito que o desenvolvimento humano depende da cooperação e não da competição. Isso está provado cientificamente.

Devemos aprender que a humanidade é uma grande família. Somos todos irmãos e irmãs: física, mental e emocionalmente. Mas nosso foco ainda está em nossas diferenças e não em nossas semelhanças. Afinal, todos nós nascemos e morremos da mesma maneira. Não faz muito sentido nos orgulharmos de nossos países e de nossas religiões — até a morte!

A ética é mais profunda e mais natural do que a religião.

A mudança climática, também, só pode ser resolvida numa escala mundial. O egoísmo, o nacionalismo e a violência são caminhos fundamentalmente incorretos. A pergunta mais importante que podemos fazer para ter um mundo melhor é: "Como podemos servir uns aos outros?" Para alcançarmos essa mudança, precisamos afiar nossa consciência. A mesma coisa no caso de políticos. Precisamos manter um estado mental positivo. Pratico isso quatro horas por dia. A meditação é mais importante do que a oração ritualizada. As crianças devem aprender moral e ética. Isso é mais importante do que todas as religiões.

As principais causas da guerra e da violência são nossas emoções negativas. Damos a elas espaço demais e damos espaço de menos a nossos intelectos e a nossa compaixão.

Sugiro que ouçamos mais, que contemplemos mais, que meditemos mais. Concordo com Mahatma Gandhi: "Seja a mudança que você quer ver no mundo."

Em alguns países totalitários, vemos que a paz só pode durar se os direitos humanos forem respeitados, se as pessoas tiverem o que comer e se os indivíduos e as comunidades forem livres. Só podemos alcançar a verdadeira paz entre e dentro de nós, assim como ao nosso redor, se alcançarmos primeiro a paz interior. Parte da felicidade é desenvolver um senso universal de responsabilidade e um conjunto secular de ética.

Sempre defenderei a não violência. Isso significa amar nosso inimigo com inteligência. Por meio da meditação intensa, descobriremos que nossos inimigos podem se tornar nossos melhores amigos. Seguindo a ética puramente secular, vamos nos tornar pessoas mais extrovertidas, empáticas e prudentes. Então, haverá uma chance de o século XXI ser um século de paz, um século de diálogo e um século de uma raça humana mais cuidadosa, responsável e empática.

Isso é o que espero. E é pelo que oro. Espero com alegria pelo dia em que as crianças aprenderão os princípios da não violência e da resolução pacífica de conflitos — em outras palavras, a ética secular — na escola.

Atualmente, é dado muito peso aos valores materiais. Eles são importantes, mas não resolverão nosso estresse, nossa ansiedade, raiva ou frustração. Ainda assim, devemos superar nossos pesos mentais, como estresse, medo, ansiedade e frustração. É por isso que precisamos de um nível mais profundo de pensamento. É o que eu chamo de *mindfulness*.

Por meio da meditação e da contemplação, podemos aprender, por exemplo, que a paciência é o antídoto mais potente para a raiva, a satisfação para a ganância, a coragem para o medo e a compreensão para a dúvida. Não é muito útil se rebelar contra os outros. Devemos nos esforçar para mudar a nós mesmos.

A humanidade parece amadurecer um pouco essa ideia hoje em dia. O desejo pela paz e a rejeição à violência estão muito presentes. Precisamos fazer esforços no mundo todo para parar, conter ou eliminar todos os métodos violentos. Não basta mais dizer às pessoas que somos contra a violência e que queremos paz.

Devemos usar métodos mais eficientes. As exportações de armas são um grande impedimento à construção da paz.

Sempre que enfrentamos dificuldades ou sempre que uma crise econômica acontece, ou mesmo quando disputas religiosas surgem, devemos agir em busca de um modelo no qual o único método correto seja o diálogo.

Devemos aprender que somos todos irmãos e irmãs. O século passado foi o século da violência. O século XXI deve ser o século do diálogo! Não podemos mudar o passado, mas podemos aprender com ele para criar um futuro melhor.

A ideia de que problemas podem ser resolvidos com violência e armas é uma desilusão desastrosa. Com raras exceções, a violência sempre leva a mais violência. Em nosso mundo interconectado, a guerra é um anacronismo que contradiz a razão e a ética. A Guerra do Iraque, a qual George W. Bush deu início em 2003, foi uma catástrofe. Tal conflito ainda não foi resolvido até hoje e já levou a vida de muitas pessoas.

Está claro que não basta apelar ao desejo de paz dos políticos. É mais importante, para cada vez mais pessoas no mundo, se posicionar contra o desarmamento. O desarmamento é a compaixão posta em prática. Mas o pré-requisito para o desarmamento externo é se desarmar internamente da raiva, do preconceito e da intolerância. Faço um apelo a todos os lados em guerra: "Não se armem! Desarmem-se!" E a todas as pessoas: "Superem o ódio e o preconceito com compreensão, cooperação e tolerância!"

Apesar de todo o sofrimento que a China causou aos tibetanos por décadas, estou convencido de que a maioria dos conflitos humanos pode ser resolvida por meio do diálogo sincero. Essa estratégia de não violência e de reverência à vida é o presente do Tibete ao mundo.

Dalai Lama
Dharamsala, Índia, março de 2015.

EDUCANDO O CORAÇÃO

Uma conversa com sua santidade,

o Dalai Lama

SOBRE O PRESIDENTE TRUMP

Nos Estados Unidos, o presidente Donald Trump governa com as frases "América primeiro" e "Torne a América grande de novo". Essas frases ainda são atuais nesta era de globalização?

Quando o presidente diz "América primeiro", ele está deixando seus eleitores felizes. Consigo entender isso. Mas, do ponto de vista global, a frase dele não é relevante. No mundo globalizado de hoje, tudo está interconectado. O futuro da América depende da Europa, o futuro da Europa depende dos países asiáticos. A nova realidade é que todo mundo é dependente de todo mundo. Os Estados Unidos são uma nação importante do mundo livre. É por isso que o presidente dos Estados Unidos deveria pensar mais nos assuntos em nível mundial.

Os Estados Unidos ainda são muito poderosos. O lema dos antepassados dos americanos modernos era democracia e liberdade. Os regimes totalitários não têm futuro. Como uma potência, o país deveria se aproximar mais da Europa. Sou um admirador da União Europeia. É um ótimo e gigantesco exemplo de um projeto de paz. Infelizmente, Donald Trump anunciou a saída dos Estados Unidos do Acordo de Paris sobre a mudança do clima. Com certeza, ele tem seus motivos para fazer isso.

SOBRE SUPERAR A SEGREGAÇÃO

A política e a retórica de guerra de Trump geraram segregação nos Estados Unidos e em todo o mundo: segregação entre negros e brancos, entre americanos e estrangeiros, entre democratas e republicanos, entre ricos e pobres. A religião pode ajudar a superar essa segregação?

Sim, até certo ponto. Mas, para começar, religiosos e não religiosos devem trabalhar juntos nesses tempos modernos. A religião sozinha não será suficiente para superar tais divisões. Meus conceitos preferidos são a educação do coração e o senso de união da humanidade. Com isso, eu me refiro à união da raça humana e a pensar globalmente sobre o futuro do mundo. Não existem limites nacionais para a proteção do clima nem para a economia mundial. Além disso, não existem limites religiosos. Chegou o momento de entender que somos o mesmo ser humano neste planeta.

Quer queiramos ou não, devemos conviver. Viver juntos como irmãos e irmãs é a única maneira de conseguir paz, compaixão, *mindfulness* e mais justiça.

SOBRE O NACIONALISMO

Também na Europa o neonacionalismo desempenha um papel cada vez mais importante. Por que as religiões desempenham um papel cada vez menos importante nos países ocidentais?

O nacionalismo é uma preocupação séria a respeito da própria comunidade. É lógico que as diferentes nações do mundo estão preocupadas com seus próprios interesses. Mas a União Europeia é um bom exemplo de cooperação internacional bem-sucedida. Depois de séculos de guerras e matança mútua, nos últimos 60 anos, nenhum país na União Europeia travou guerra contra o outro. A história nos diz que, quando as pessoas buscam apenas os próprios interesses, existe rixa e guerra. Essa visão é limitada e estreita. É irreal e ultrapassada.

O futuro das nações individuais sempre depende do bem-estar de seus vizinhos. Os Estados Unidos dependem da Europa, a Europa é dependente da mesma forma da Ásia e da África, e assim por diante. Isso é diferente hoje do que era antes. As nações individuais também devem cuidar de seus vizinhos. Essa é a nova realidade de nossa era.

SOBRE A CRISE DOS REFUGIADOS

O que a sua santidade acabou de descrever é um programa antiTrump, na verdade. O que os países ricos podem fazer para lidar com a crise de refugiados? A sua santidade é um dos refugiados mais velhos do mundo.

Os políticos devem mostrar compaixão pelas pessoas em necessidade. Os migrantes não devem sofrer discriminação. Alguns milhares de refugiados todo ano não é problema para os países ricos. A Alemanha recebeu mais de 1 milhão de refugiados nos últimos dois anos, o que vejo com bons olhos. Mas um milhão não é possível todo ano. Os países ricos têm um dever moral de ajudar os refugiados oferecendo abrigo, alimentos e educação. Mas, a longo prazo, os refugiados devem voltar e reconstruir sua terra.

A geração de jovens refugiados pode aprender profissões e novas tecnologias. Dessa maneira, a Alemanha e outros países ricos podem oferecer ajuda concreta de desenvolvimento. Veja os cem mil refugiados tibetanos que fugiram comigo para a Índia. A maioria deles não quer viver para sempre fora do Tibete. Ninguém deixa sua pátria para sempre.

SOBRE A EDUCAÇÃO DO CORAÇÃO

Não faz muito tempo que a sua santidade disse: "Espero e desejo que um dia a educação formal preste atenção ao que eu chamo de 'educação do coração'." O que é a educação do coração?

Resumindo: amor, compaixão, justiça, perdão, cuidado, tolerância e paz. Essa educação é necessária do jardim de infância ao ensino médio e universidades. Eu me refiro ao aprendizado social, emocional e ético. Precisamos de uma iniciativa mundial para educar coração e mente nessa era moderna.

No momento, nossos sistemas educacionais são orientados principalmente para os valores materiais e para treinar a compreensão das pessoas. Mas a realidade nos ensina que não chegamos à razão apenas por meio da compreensão. Devemos dar mais ênfase a nossos valores internos.

A religião também não é mais suficiente. Agora, a ética global secular é mais importante do que as religiões clássicas. Precisamos de uma ética global que possa aceitar tanto os crentes quanto os não crentes, incluindo os ateus.

A intolerância leva ao ódio e à segregação. Até mesmo nossas crianças devem crescer com a noção de que o diálogo, e não a violência, é o melhor modo, o mais prático, de resolver conflitos.

As gerações jovens têm a grande responsabilidade de garantir que o mundo se torne um lugar mais pacífico para todos. Mas isso só pode se tornar realidade se nossos sistemas educacionais educarem não apenas o cérebro, mas também o coração. Os sistemas educacionais do futuro devem dar mais ênfase ao fortalecimento das habilidades humanas, como o coração bom, o senso de união com a humanidade e com o amor.

O verdadeiro sentido de nossa vida, que todos buscamos, seja com ou sem a religião, é ser feliz.

SOBRE A ESPIRITUALIDADE

A espiritualidade se tornou uma palavra da moda. O que ela significa para a sua santidade?

A espiritualidade é a mais fundamental de todas as fontes humanas dentro de nós. Quando decidimos cultivar valores internos que apreciamos em outras pessoas, começamos a viver espiritualmente. Devemos criar uma base ética e alimentar nossos valores internos para que sejam apropriados à nossa era científica, sem negligenciar as necessidades mais profundas do espírito humano. Claro que todas as religiões podem contribuir com esse *ethos* holístico secular.

SOBRE A RELIGIÃO

O que fez com que a sua santidade pensasse que nesta era precisamos de mais do que as religiões tradicionais?

Tenho vivido em exílio na Índia há mais de 50 anos. Lá, experimentei a ética secular na prática e uma sociedade secular. Mahatma Gandhi foi um homem profundamente religioso, mas também uma mente secular. Em suas orações diárias, textos eram lidos e cantados de todas as grandes religiões e sabedorias. Gandhi era um grande entusiasta de Jesus e de seu pacifismo no Sermão da Montanha. Ele é meu exemplo porque incorporava essencialmente a tolerância religiosa, que tem raízes indianas antigas. A Índia é lar de hindus, muçulmanos, cristãos, sikhs, jainas, budistas, zoroastras, judeus, agnósticos e ateus que vivem juntos em paz — com poucas exceções. É um país com muitas minorias étnicas e religiosas e milhares de idiomas. O Tibete é minha terra, mas de certo modo também sou um filho da Índia secular.

Você encontra templos hindus, mesquitas muçulmanas, igrejas católicas e locais sagrados budistas próximos uns dos outros. Sei que de vez em quando ocorrem casos sérios de violência em alguns pontos. Mas seria um erro generalizá-los. De modo geral, a sociedade indiana é pacífica e harmoniosa. Todas as fés compartilham do antigo princípio indiano de não violência, o Ahimsa, que também deu a Gandhi grande sucesso político. Foi a base da coexistência pacífica. É a prática da ética secular além de todas as religiões. O mundo moderno deveria seguir seu exemplo!

Costumo me sentir um defensor moderno desse modo indiano antigo de pensar. Essa concepção de secularismo pode ser imensamente útil para todas as pessoas, para todas as religiões, para todas as culturas e doutrinas de sabedoria, e para todas as sociedades.

As muitas entrevistas que nós dois fizemos ao longo de décadas também serviram para promover a compreensão de valores humanos mais profundos e da ética secular. Isso pode ajudar as pessoas a se tornarem seres humanos melhores e mais conscientes. Mas nosso caminho comum é este: mais *mindfulness* em relação a todas as vidas, incluindo animais e plantas. Em sua última transmissão televisiva, discutimos a destruição mundial do meio ambiente e falei que, às vezes, tenho a sensação de que a Terra ficaria melhor sem as pessoas.

SOBRE A RESPONSABILIDADE MUNDIAL

Todos os dias, levamos 150 espécies de plantas e animais à extinção, expandimos os desertos em 50 mil hectares e despejamos 150 milhões de toneladas de gases de efeito estufa no ar. Essencialmente, estamos travando uma Terceira Guerra Mundial contra a natureza. O ano de 2016 foi o mais quente de que se tem registro. Os glaciares do Himalaia e as calotas de gelo polar estão derretendo. O que a ética secular pode conseguir nessas circunstâncias? Quais são os princípios da ética secular?

Mindfulness, educação, respeito, tolerância, cuidado e não violência. Conquistamos grandes avanços materiais no último século. Isso foi positivo, de modo geral. Mas esses avanços materiais também levaram à destruição que vemos do meio ambiente. Agora, no século XXI, precisamos aprender, cultivar e aplicar mais valores interiores em todos os níveis. Uma análise realista dos problemas de nossa era, alguns dos quais você acabou de listar, mostra muito claramente que devemos encontrar um ponto de entrada sustentável e universal para questões de ética, valores e integridade pessoal — um ponto de entrada que nos permitirá transcender diferenças culturais, éticas e religiosas. O princípio da responsabilidade global é um elemento essencial do meu conceito de ética secular. Você tem razão, isso se resume à sobrevivência de nossa espécie. Para mim, essa busca por um caminho realmente sustentável e universal é a base para desenvolver a ética secular.

Se todos os sete bilhões de pessoas pensassem no que as une e não no que as divide, teriam menos estresse e menos raiva. Devemos aprender que somos todos amigos. Do meu ponto de vista, não tenho inimigos, só pessoas que ainda não conheci. Os jovens de hoje têm muito mais oportunidades de conhecerem uns aos outros globalmente — e devem se aproveitar disso para melhorar o mundo.

A compaixão e o amor há muito têm sido negligenciados na educação. Podemos e devemos mudar isso agora.

Há dois pontos de vista acerca da natureza humana. Um deles acredita que os seres humanos são naturalmente violentos, sem consideração e agressivos. O outro acredita que temos uma tendência natural à bondade, à harmonia e à vida pacífica. Eu sigo o segundo ponto de vista. É por isso que, na minha opinião, a ética não é um conjunto de regras e proibições a se obedecer, mas uma oferta natural interna que pode trazer felicidade e satisfação a nós mesmos e aos outros. Pessoalmente, sou guiado pelo simples desejo de contribuir para o bem maior da raça humana e para todos os seres vivos.

A educação ética iniciada perto dos catorze anos é mais importante do que a religião. A educação muda tudo. Os seres humanos são capazes de aprender. Na Alemanha, isso ficou claro com a queda do Muro de Berlim, uma experiência inesquecível para mim, ou com as políticas da União Europeia após a Segunda Guerra Mundial. Hoje, os países que foram inimigos em tempos de guerra estão construindo uma Europa pacífica juntos. A União Europeia até recebeu o prêmio Nobel da Paz por isso. E foi muito merecido!

SOBRE ÉTICA SECULAR

Dos seis bilhões de crentes no mundo, há muitos — principalmente na Europa — que não levam as próprias religiões a sério. No Cristianismo, nós os chamamos de "cristãos porque foram batizados".

Infelizmente, os seis bilhões de crentes do mundo incluem muitas pessoas corruptas que só querem saber dos próprios interesses. Você tem razão, meu caro amigo. O século XXI deve ser moldado por valores internos. Assim, nosso século se tornará o século da paz e do diálogo. Mas não haverá paz exterior enquanto não houver mais paz interior. Isso se aplica a todos os conflitos atuais: na Ucrânia, no Oriente Médio, no Afeganistão e na Nigéria. Antes que haja "desarmamento externo", deve haver um "desarmamento interno". Em quase todos os lugares, o fundamentalismo religioso é uma das causas de guerra. Sabemos muito bem hoje que correr o risco de termos uma guerra nuclear seria o equivalente ao suicídio. Só isso mostra que somos todos interdependentes e que precisamos desenvolver ética secular em um mundo globalizado.

Para conseguirmos a ética secular no mundo todo, claro que primeiro precisamos de uma pesquisa mundial. Nesse ponto, concordo com muitos acadêmicos, especialmente os pesquisadores do cérebro, neuropsicólogos e educadores. A pesquisa neurobiológica moderna sugere que o comportamento altruísta e menos egoísta vale a pena para *todo mundo*. As pessoas não têm que agir de modo egoísta, necessariamente. Elas também podem agir de modo altruísta, entender coisas que lhes são desconhecidas e focar no bem-estar de outras pessoas. Mas isso exigirá ainda mais educação. Quanto mais as pessoas acreditarem que os outros também agem de modo altruísta, maior é a probabilidade de agirem do mesmo modo. O altruísmo simplesmente nos torna mais felizes!

Em outras palavras, a felicidade não é só uma questão de sorte, é uma habilidade que todas as pessoas têm dentro de si mesmas. Todo mundo pode ser ou pode se tornar feliz. A ciência moderna tem nos mostrado quais fatores facilitam a felicidade e quais nos impedem de sermos felizes. Podemos transformar os fatores que impedem nossa felicidade passo a passo. Isso serve para os indivíduos, mas também para a sociedade. O objetivo da ética secular é nos libertar do sofrimento temporário assim como do de longa duração e cultivar nossa capacidade de promover a busca de outras pessoas pela felicidade também. Um aspecto da compaixão é estar preparado para agir de modo espontâneo pelo bem dos outros.

Com certeza, a ética secular exige treinamento do coração, muita paciência e um esforço persistente. Também fica claro que, para a ética secular ser realmente útil, precisamos não só de conhecimento, mas de ação. Afinal, sabemos o que fazer, mas não fazemos o que sabemos.

SOBRE NEUROCIÊNCIA

Sua santidade é um forte defensor da pesquisa moderna sobre o cérebro. Por quê?

Nosso cérebro é um órgão de aprendizado. A neuropsicologia nos ensina que podemos exercitá-lo como exercitamos os demais músculos. Então, absorvendo intencionalmente a bondade e a beleza, podemos influenciar positivamente nosso cérebro e superar a negatividade. Usando o poder da mente, podemos mudar nosso cérebro para melhor. São avanços revolucionários. Graças a esses avanços, também sabemos agora que a ética, a compaixão e o comportamento social são características inatas, mas que a religião é adquirida.

SOBRE COMPAIXÃO

Quais perguntas precisamos fazer a nós mesmos para aumentar nossa compaixão?

Temos a mente aberta ou fechada? Já pensamos na situação como um todo ou só vemos aspectos dela? Pensamos e agimos de modo holístico? Realmente temos uma visão de longo prazo das coisas, ou uma visão de curto prazo? Nossas ações são mesmo motivadas por compaixão sincera? A nossa compaixão se restringe a nossos familiares, amigos, com quem conseguimos nos identificar? Precisamos pensar, pensar, pensar. E pesquisar, pesquisar, pesquisar. Essencialmente, a ética tem a ver com nosso estado mental e não com nossa afiliação religiosa formal. Precisamos superar nossos limites pessoais e compreender os pontos de vista dos outros.

Há vinte anos ainda riam de mim por eu ter interesse nesse tipo de pesquisa. Hoje, essas pesquisas estão recebendo cada vez mais reconhecimento. Aqueles que não reconhecem o altruísmo não conseguem entender como a política e os mercados realmente funcionam. No atual conflito na Ucrânia, isto quer dizer: a Europa Oriental precisa da Europa Ocidental e a Europa Ocidental precisa da Europa Oriental. Então, conversem uma com a outra. Percebam que, hoje, na era da globalização, vivemos em um mundo só. Nossa filosofia deve ser "Seus interesses são nossos interesses". O fundamentalismo é sempre prejudicial. Os conceitos do passado não mais nos ajudarão. Principalmente para as crianças, que são os adultos de amanhã, a ética é mais importante do que a religião.

SOBRE A CIÊNCIA DA MEDITAÇÃO

A prática da meditação tem efeitos biológicos mensuráveis?

Há algum tempo, pesquisadores ocidentais têm realizado estudos neurológicos em tibetanos que têm meditado há muito tempo. Para resumir os resultados, a meditação é boa para a saúde física e mental, para a satisfação e para o bem-estar. Essa também tem sido minha experiência pessoal.

SOBRE A FELICIDADE

A felicidade é importante para o desenvolvimento da ética secular?

Bem, todos os sete bilhões de pessoas querem ser felizes — e temos o direito de ser, já que vivemos todos no mesmo planeta, respiramos o mesmo ar e comemos do mesmo solo. Da mesma maneira, meu futuro sempre depende de outras pessoas e o futuro de outras pessoas depende do meu. A catástrofe climática que estamos enfrentando nos faz lembrar dessa conexão. Quem de nós poderia viver sozinho no deserto? Faço essa pergunta para plateias em minhas palestras no mundo todo. Se encontrássemos alguém na solidão do deserto, a última coisa que perguntaríamos seria sua religião ou nacionalidade. Se eu estiver sozinho no deserto, não importa muito se sou sua santidade, o Dalai Lama. Não me ajudaria em nada.

(Ele ri alto.)

Não é preciso dizer que também cometo erros. Como doces demais, por exemplo, por isso corro o risco de reencarnar como uma abelha!

(Ele dá outra risada alta e comprida.)

Não sou um deus. Sou só mais uma pessoa entre os mais de sete bilhões de indivíduos. É por isso também que nunca me sinto sozinho. Como ser humano, minha primeira ambição é ajudar os outros. É para isso que servem a amizade verdadeira e a humanidade: para aliviar o sofrimento das outras pessoas. E é por isso que todas as religiões pregam o amor, a tolerância e o perdão.

Se as pessoas aceitam ou não a religião, é uma questão de atitude e decisões pessoais. O objetivo de todas as religiões é nos tornar pessoas melhores e mais felizes. É por isso que devemos respeitar e valorizar uns aos outros. Isso também cria a harmonia mútua.

Meus amigos muçulmanos me dizem que os muçulmanos violentos não são muçulmanos de verdade. As armas não podem criar paz verdadeira em parte alguma do mundo. Acho difícil de aceitar as guerras em nome da religião. Tampouco consigo entender por que a Alemanha e a França estão entre os maiores exportadores de armas do mundo. As armas levam a assassinatos e a homicídios. Sem as armas, as guerras não poderiam acontecer.

SOBRE A MORTALIDADE

As pessoas podem ser felizes diante da morte?

Essa pergunta é fascinante, além de muito importante. Há pessoas que não sabem ou não querem saber que vão morrer. E há pessoas que esqueceram que estão vivas. A compaixão por nós mesmos significa dar atenção à morte para podermos enriquecer nossa vida. Se aceitarmos a morte como parte da vida, nós nos protegemos e não desperdiçamos nosso tempo com distrações inúteis. Observando o pôr do sol, podemos nos perguntar: Viverei para ver o sol nascer amanhã? Mas também podemos nos perguntar: E se a morte for só um estágio de transição e nosso espírito passar para outros estados de ser no futuro? Ao fazer essas perguntas, podemos aprender a tomar uma atitude altruísta e pacífica e a abrir mão de nossas posses e do que amamos. Uma atitude altruísta e desapegada é a melhor e mais inteligente preparação para a morte.

A vida é curta. Se sucumbirmos às emoções negativas, nós a desperdiçamos. Sempre que sinto frustração ou tristeza demais, medito sobre as palavras de Shantideva, um mestre budista indiano do século VII:

Enquanto o espaço existir,
Enquanto os seres conscientes existirem,
Até lá eu existirei também
Para desfazer a miséria do mundo.

Quando analiso essas palavras, minha sensação de frustração desaparece. O sofrimento pode ser um treinamento real para a vida. Podemos ver isso se analisarmos as histórias de vida de pessoas proeminentes.

SOBRE A PAZ MUNDIAL

O que cada um de nós pode fazer para um mundo melhor e mais pacífico?

Todas as religiões têm a missão de direcionar as pessoas à paz interior e exterior. Se quisermos tornar este mundo um lugar melhor, precisamos nos tornar pessoas melhores. Não existe um caminho conveniente. Devemos começar vendo a humanidade em nossos inimigos. No Sermão da Montanha, Jesus disse "ama teu inimigo". É do nosso interesse fazermos tudo o que pudermos para o bem-estar de todos os seres vivos. Para fazermos isso, precisamos treinar nosso espírito e educar nosso coração. Depois de 1945, a União Europeia escolheu o caminho certo de cooperação entre ex-inimigos. Os inimigos se tornaram amigos. Isso só foi possível porque milhões de pessoas escolheram esse caminho deliberadamente. A OTAN poderia levar sua sede para Moscou.

(Ele ri.)

Assim, os russos veriam se o Ocidente leva sua amizade e seu ideal de "ama teu inimigo" a sério. O verdadeiro inimigo está dentro de nós, não fora. As hostilidades exteriores não são permanentes — nem aquelas entre a China e o Tibete. Se você respeita seus inimigos, eles podem se tornar seus amigos um dia.

SOBRE A IGUALDADE DE GÊNERO

O próximo Dalai Lama poderia ser uma mulher? Sua santidade apoia a oportunidade igual para todos, não?

Por que não? A real igualdade e oportunidades iguais entre mulheres e homens são críticas para um mundo melhor. Esta é outra área na qual todas as religiões precisam se atualizar. É um aspecto essencial da ética secular. E também uma questão de justiça e compaixão. Muitas mulheres estão à frente de nós, homens, no desenvolvimento de valores internos.

SOBRE OS VALORES INTERIORES

O que o senhor quer dizer com valores interiores?

De acordo com nossa natureza biológica, somos animais que crescem em um ambiente de compaixão, cuidado, afeto e calor humano. Estou pensando em minha própria mãe. A essência da compaixão é o desejo de aliviar o sofrimento dos outros e promover seu bem-estar. As mulheres são melhores do que os homens no que diz respeito ao desenvolvimento de valores internos, como bondade, paciência, perdão, generosidade e tolerância. Grandes problemas como guerras e destruição do meio ambiente, ou desperdício de recursos são, em grande parte, gerados por homens. Resultam da indiferença. Mas todos temos uma pré-disposição básica a desenvolver valores internos, como consciência e *mindfulness*. Não quero converter ninguém, mas estou preocupado principalmente com o desejo de contribuir com o bem da humanidade.

SOBRE *MINDFULNESS*

Sua santidade tem promovido o ideal budista de mindfulness *ao redor do mundo há muito tempo. Por que* mindfulness *é tão importante nesta época?*

Mindfulness independe se as pessoas creem ou não. Isso é irrelevante; todos nós somos apenas pessoas com as mesmas emoções e com o mesmo tipo de inteligência. Algumas de nossas emoções são muito, muito destrutivas. Elas destroem não só nossa paz de espírito, mas acabam destruindo nossa saúde também. Alguns cientistas descobriram que a paz de espírito é extremamente importante para a saúde. De acordo com eles, a raiva, o ódio e o medo corroem nosso sistema imunológico. É por isso que é tão importante ter uma mente calma.

Como sempre digo, existem sete bilhões de seres humanos e todos eles têm o mesmo potencial. Todos eles são iguais, mental, emocional e fisicamente. Por isso, todos têm a habilidade de usar sua inteligência adequadamente. Tudo se resume à clareza da mente. Devemos analisar o que é útil para a nossa saúde e o que é prejudicial. Depois, devemos separar o que sabemos: isso é algo saudável e aquilo é algo prejudicial. A mesma coisa vale para nossas emoções. Algumas emoções são boas para nossa saúde e para nossa paz de espírito, enquanto outras são muito destrutivas. Com o conhecimento claro, todo mundo pode diferenciá-las. Assim, vamos desenvolver a habilidade de reduzir as emoções destrutivas e aumentar as emoções construtivas.

Isto, acredito, se aplica aos sete bilhões de pessoas, tanto as crentes quanto as ateias. Espero que, com nossas muitas conversas, façamos pequenas contribuições para promover a felicidade e superar o sofrimento.

SOBRE A ESSÊNCIA DA RELIGIÃO

Qual é a essência de todas as religiões?

O amor! Sem dúvida. As pessoas que creem em Deus, o criador, praticam o amor. Muitos irmãos e irmãs cristãos têm dedicado sua vida a servir aos outros, especialmente aos pobres. Tudo isso vem de ensinamentos de amor. Dito isso, há grandes diferenças entre as filosofias das religiões. Na minha opinião, essas visões filosóficas diferentes são simplesmente métodos diferentes, abordagens diferentes para promover o amor. A semente de todas as religiões é o amor. Amar nosso próximo é mais agradável a todos nós do que odiar o que é diferente. Preferimos que as outras pessoas sejam generosas, não maldosas. E quem não prefere ser tratado com tolerância, respeito e misericórdia do que com mente fechada, desrespeito e antagonismo?

Estou profundamente convencido de que podemos todos desenvolver nossos valores internos, o que não contradiz nenhuma religião, mas que também — crucialmente — não depende de nenhuma religião. Assim, espero que ganhemos cada vez mais consciência ética e, assim, passemos por uma transformação de valores no futuro próximo.

Não quero ditar nenhum valor moral — isso não serviria a ninguém. Todo o progresso real precisa ser voluntário e escolhido livremente. Este é o único caminho para se conseguir a felicidade pela qual todos nos esforçamos. Mas, diante dos problemas de nossa era, não basta apenas basear a ética em valores religiosos. Na verdade, está na hora de abrir um novo caminho, além da religião, para nossa compreensão da espiritualidade e da ética no mundo globalizado.

Não sou cientista. Mas, como tenho vivido em exílio — o que, como vocês veem, também têm suas vantagens —, conheci cientistas do mundo todo: médicos, biólogos, cosmólogos, psicólogos e, recentemente, também neurobiólogos e neuropsicólogos.

Tenho visto que, hoje, a felicidade está no laboratório de pesquisa. A ética é o estudo da felicidade. Isso é gratificante para mim. Podemos aprender que a felicidade é o resultado da maturidade interior. E estou aprendendo que existem muitas coisas em comum entre a ciência moderna e os valores religiosos antigos, como compaixão consciente, bondade amorosa e *mindfulness*. A ciência nos ensina hoje que a verdadeira felicidade não só é possível, como também é nosso direito ao nascermos. Então, conforme a ciência se abre cada vez mais para a religião, a religião também está se abrindo para a ciência.

O papa Bento XVI estava com essa mesma ideia quando pediu uma maior comunicação entre a fé e a razão. Muitos pensadores e filósofos há muito têm visto as religiões mais como um obstáculo na busca pelo conhecimento —

frequentemente com razão —, porém, hoje, essa relação está mudando para melhor. A ascensão de computadores e da tecnologia da informação continuará a acelerar essa mudança cada vez mais. Na era da globalização, a tolerância tem prospectos melhores do que nunca.

SOBRE A GUERRA

Há cem anos, a humanidade vivia o começo da Primeira Guerra Mundial, que ceifou 17 milhões de vidas; em seguida, 50 milhões de pessoas foram mortas na Segunda Guerra Mundial. Sua santidade acredita que a humanidade aprendeu com esses desastres? O século XXI será o século da paz?

Claro. Acredito que as pessoas, principalmente os europeus, sabem o significado de guerra. Muitas pessoas mais velhas na Alemanha ainda se lembram bem de como foi destrutiva. A mesma coisa no caso do Japão. É por isso que acredito que as duas nações, a Alemanha e o Japão, e também a maioria das pessoas de todas as partes, se opõem à violência.

Tive a oportunidade de visitar muitos países e de conhecer pessoas. Em todos os lugares que visito, acho que o desejo por paz é muito claro. Veja a Guerra do Iraque, por exemplo. Houve protestos contra ela da Austrália até os Estados Unidos, mas também na Alemanha e na França.

Agora, parece que a humanidade está amadurecendo, de certo modo. O desejo por paz e a rejeição à violência são muito fortes.

SOBRE A PRÓXIMA GERAÇÃO

Qual é o objetivo mais importante para a geração mais jovem no futuro?

Caro amigo, acredito que nós dois — a geração do século XX — criamos muitos problemas. Agora, deixemos a geração do século XXI resolvê-los. Pacificamente, por meio do diálogo. Então, a geração jovem é muito importante. O passado passou. O século XXI tem só 18 anos; ainda há 82 anos. Há muitas oportunidades para se criar um mundo melhor, para causar uma mudança de pensamento: no nível familiar, no nível comunitário, no nível nacional ou internacional, no nível mundial. Do modo como vejo, podemos alcançar isso principalmente por meio da educação. Métodos violentos estão ultrapassados. Representantes da imprensa, como você, mas também os professores e os pais, desempenham papéis essenciais na educação e na conscientização.

SOBRE O FUTURO DO TIBETE

Em Berlim no outono de 1989, pessoas em êxtase colocaram sua santidade em cima do Muro, que tinha acabado de ser aberto. O senhor carregava uma vela e disse: "Assim como a Alemanha está voltando a se unificar agora, o Tibete será livre um dia." O senhor ainda acredita nisso?

Com certeza. Todas as pessoas lutam pela liberdade. Claro que não posso especificar uma data. Precisamos de paciência. Essa é outra parte da ética secular.

SOBRE A CHINA

Quando sua santidade pensa na relação entre a China e o Tibete a longo prazo, sente-se otimista? Em caso afirmativo, por quê?

Sim, sou otimista. Por quê? Veja, vivemos lado a lado há mil anos. Em momentos no passado, a relação era muito amigável, por exemplo, por meio do casamento ou por outros motivos. E, às vezes, brigávamos. No século VII ou VIII, acho que o Tibete invadiu a China. O passado passou. O futuro é mais importante. E vejo novo desenvolvimento lá. A população budista na China ultrapassa 400 milhões de pessoas agora. Muitos desses budistas chineses estão demonstrando real interesse no budismo tibetano e muitos seguem seus ensinamentos.

De modo apropriado, muitos budistas chineses e japoneses valorizam nosso conhecimento. Notamos que ao longo dos últimos três ou quatro anos cerca de mil artigos sobre o Tibete foram escritos por autores chineses em chinês. Todos os mil artigos apoiam nossa abordagem. Elas assumem uma posição muito crítica em relação à política de seu governo. Na minha opinião, é um sinal claro de que muitos chineses apoiam nosso objetivo político.

Nos últimos anos, conheci vários milhares de chineses — alunos, professores e executivos, além de intelectuais e escritores. Muitos deles demonstram preocupação real com o Tibete e se solidarizam conosco. Enquanto isso, os principais líderes políticos estão se tornando mais realistas. Até mesmo os líderes comunistas estão falando de modo favorável a respeito do budismo. Isso é algo muito novo. Então, as coisas estão mudando. Estou convencido de que a paz entre a China e o Tibete é possível.

Afinal, nossos povos têm vivido lado a lado na maior parte do tempo em paz por mais de dois mil anos. Eu gostaria de ajudar a restaurar essa situação. Violência sempre gera mais violência, como temos visto no Iraque e em todo o Oriente Médio há décadas. Mas a paz é tão possível no Oriente Médio quanto na Ucrânia. Os problemas em todas as partes foram causados por seres humanos. Assim, os seres humanos também podem resolvê-los.

No entanto, paciência, tolerância, humildade e generosidade são componentes essenciais da ética secular. Em minhas viagens, descobri que a virtude da paciência e da satisfação são mais proeminentes em países menos desenvolvidos nos quais a falta de recursos materiais é maior do que em países materialmente ricos. A verdadeira paciência exige grande força interior. Existem três aspectos da paciência: paciência com aqueles que nos causam sofrimento, aceitação do sofrimento e aceitação da realidade. Essa paciência leva a um processo de transformação e de crescimento.

SOBRE OS DIREITOS HUMANOS NO TIBETE

Qual é a situação atual dos direitos humanos no Tibete?

Difícil. Muito difícil. Entre os oficiais chineses, ainda há muitos linhas-duras em cargos importantes. Esses linhas-duras acreditam que podem resolver todos os problemas com força e repressão. Isso é totalmente errado e irreal. Tenho visto que, em todo o mundo, o uso da força nunca resolveu problema algum.

No caso do Tibete, eles têm usado a força há sessenta anos. Porém, mais força também traz mais resistência. E os líderes comunistas ainda não reconhecem que este é exatamente o problema. De qualquer modo, há indícios de que o público chinês, assim como vários líderes políticos, estão começando a ver que a política atual de repressão é contraproducente. Eles estão analisando uma abordagem mais realista. Então, veremos. Mas ainda é cedo demais para dizer de modo definitivo. Enquanto isso, as pessoas sofrem imensamente. Não em termos de fome ou coisas parecidas, mas com ansiedade, medo excessivo e muita tristeza. É por isso que as autoimolações (suicídio ateando fogo ao próprio corpo) acontecem.

SOBRE A RESISTÊNCIA POLÍTICA

Nos últimos oito anos, quase 150 tibetanos cometeram suicídio com autoimolação. Qual é sua opinião a respeito desses atos de autodestruição?

Claro que eles são muito, muito tristes. São atitudes drásticas, dramáticas. Não sei qual é o efeito que elas têm nos linhas-duras. Existe mais raiva, mais repressão e, em vários casos, familiares são presos. É uma questão política muito sensível. Em 2015, havia mais de dois mil presos políticos no Tibete. Apesar de eu ter me aposentado totalmente das responsabilidades políticas em 2011, os linhas-duras políticos na China ainda manipulam tudo o que digo. Eles me consideram um demônio. Por isso têm que manipular toda palavra que vem da boca do demônio...

Prefiro me calar. Quando falo, recorro às orações, apenas às orações. E, claro, ao meu assunto de ética secular. Sei que algumas pessoas na liderança chinesa também se interessam por isso.

A maioria dos tibetanos não consideram as autoimolações suicídio. Eles as veem como atos de resistência política radical para causar mudança nas políticas repressivas da China no Tibete. Apelei à liderança chinesa e à comunidade internacional para investigar as circunstâncias e causas dessas autoimolações. Mas, infelizmente, não tive sucesso. Duvido muito que essa forma radical de protesto possa ter algum impacto.

SOBRE A LIBERDADE PARA O TIBETE

Quando o Tibete for livre, como o senhor vê o futuro?

Os líderes chineses são meus irmãos e minhas irmãs. Por isso, quando digo sete bilhões, naturalmente, eles estão incluídos. E principalmente aqueles que cultivam o ódio, que têm atitudes negativas em relação ao Tibete e a mim, ganham uma oração especial. Acredito piamente que o Tibete será livre um dia. Mais cedo ou mais tarde, a China precisará seguir a tendência mundial que leva à democracia e à liberdade. A longo prazo, a China não pode escapar da verdade, da justiça nem da liberdade.

Minha esperança e minha visão é que o Tibete se torne uma área desmilitarizada de paz e não de violência entre as duas grandes potências da China e da Índia.

Minha terra agora tem grandes problemas ambientais. Os problemas ecológicos são tão sérios porque o Tibete está na parte mais alta da demografia, a fonte de todos os grandes rios da Ásia, como o Brahmaputra, o Rio Amarelo, o Ganges e o Mekong. E, se essa área estiver contaminada, traz consequências negativas para dois bilhões de pessoas. Sabemos que resíduos nucleares estão armazenados em algumas regiões do Tibete. Com certeza, também há bombas atômicas preparadas em partes do país. Não é preciso dizer que as plantas de energia nuclear têm um impacto negativo no meio ambiente. As florestas do Tibete também estão sendo devastadas, sofrendo desmatamento generalizado. Enquanto isso, os recursos minerais estão sendo rapidamente explorados e esgotados.

É por isso que tenho a ideia de transformar o Tibete em uma Área de Ahimsa — uma zona de não violência —, que inclua proibição de produtos, testes e armazenamento de armas nucleares e de outros tipos, e também de transformar as terras do país na maior reserva natural do mundo. Além disso, a energia nuclear e outras tecnologias que produzem resíduo prejudicial não devem ser usadas no Tibete no futuro.

SOBRE A PRESERVAÇÃO DA CULTURA TIBETANA

Há muito o senhor tem acusado a China de ter causado uma espécie de "genocídio cultural" no Tibete. O que isso quer dizer em termos concretos?

Pelos relatos de testemunhas, sabemos que 1,2 milhão de tibetanos morreram entre 1950 e 1983. Dentre eles, estão incluídos os tibetanos que morreram nas prisões chinesas ou em conflitos com as tropas chinesas, ou que morreram de fome devido à política econômica falida da China no Tibete. Muitos também cometeram suicídio por desespero com a ocupação chinesa.

Hoje existe uma forte ameaça à sobrevivência da cultura, do idioma, da religião e da identidade tibetana devido ao grande influxo de chineses Han no Tibete e à política sistemática de discriminação contra o idioma tibetano e à restrição severa do estudo e da prática do budismo.

SOBRE O RETORNO DO DALAI LAMA

Sua santidade vê alguma chance de voltar ao Tibete?

Ah, sim, caro amigo. As coisas estão mudando.

Mas sua santidade tem mais de 80 anos!

É verdade. Se eu morrer este ano, então não voltarei a ver o Tibete. Mas, se eu viver mais cinco, dez, quinze ou vinte anos, com certeza!

Até que idade sua santidade espera viver?

Sonhei que chegaria aos 113 anos. Meu médico diz que certamente chegarei aos 100. Como você vê, ainda tenho planos.

(Ele ri e bate a mão na perna.)

A HISTÓRIA DO DALAI LAMA:
UMA VIDA INSPIRADORA

Desde 2011, o Dalai Lama tem sido apenas o líder espiritual dos tibetanos: ele se aposentou de seu cargo político no mesmo ano. Sua aposentadoria pôs fim a 500 anos de tradição do Dalai Lama — voluntariamente. Quando na história da humanidade já houve uma abdicação de poder voluntária nessa escala?

Ao longo de nossos trinta encontros, nunca o ouvi reclamar, apesar de as circunstâncias em sua terra tibetana frequentemente parecerem perdidas. Na verdade, ele está sempre feliz e disposto a rir alto. Apesar de todo o sofrimento e da injustiça — os políticos e jornalistas chineses o chamam de mentiroso e se revoltam contra o "fã-clube" do Dalai Lama —, ele se mantém positivo e otimista. Quando perguntei por que nunca se aborrecia em situações muito difíceis, respondeu: "Por que me aborreceria? Se fizesse isso, teria que me acalmar de novo. E isso seria exaustivo demais."

Uma colega da rádio suíça me contou que ela havia entrevistado o Dalai Lama na Índia. Em Zurique, ela reproduziu o áudio da entrevista para os colegas. "Não podemos transmitir isso", disseram. "Ele não para de rir." Então, telefonaram para a Índia e perguntaram aos funcionários do Dalai Lama quando ele estaria na Europa novamente — eles queriam entrevistá-lo mais uma vez, mas, por favor, sem risadas. "Sem problemas", comentou o assistente. "Ele fará uma escala no aeroporto de Frankfurt daqui a três semanas. Vocês podem regravar a conversa lá."

Então, minha colega viajou para Frankfurt e pediu: "Por favor, vossa santidade, não dê risadas." Sua santidade não riu nem uma vez durante a entrevista. Mas depois, quando o gravador foi desligado, ele riu por dez minutos sem parar. "Peço desculpas", disse ele à jornalista. "Precisei compensar. Simplesmente não consigo viver sem rir!"

Intrigada, ela perguntou: "Por que sua santidade tem que rir? Do que sua santidade ri?" Ele respondeu: "Sempre penso nas coisas malucas as quais nós, seres humanos, nos propomos a fazer nesta terra. E pensar nisso costuma ser hilário!"

Há seis princípios que ele considera fundamentais. Primeiro vem o princípio mais importante, a não violência. Sob sua liderança, isso se tornou um símbolo da luta para libertar o Tibete. Às vezes, ele também cita o que disse Jesus: "ama teu inimigo", do Sermão da Montanha. Em segundo lugar, e igualmente essencial para ele, é a tolerância. "Não há paz entre as nações sem paz entre as religiões", diz, citando o *ethos* mundial de Hans Küng.

O terceiro princípio: aceitar toda religião em sua singularidade. Quarto: quando perguntei a ele, em nossa última entrevista para a televisão, o que a religião significa hoje, o Papa do Oriente respondeu: "Uma pessoa religiosa é alguém que colabora para preservar a Terra." Ele indica o assunto cada vez mais urgente da água no Himalaia. "É uma questão de sobrevivência para dois bilhões de pessoas."

Às vezes, ele tem dificuldade com o quinto princípio da paciência, admite com uma risada conspiratória. Até mesmo ele precisa melhorar nisso. Na verdade, ele tem muitas oportunidades para praticar ao lidar com os políticos chineses. Mais uma risada.

Ele até faz piadas sobre seu sexto princípio, a morte e a ressurreição, dizendo não fazer ideia do que vai acontecer depois da morte. "Se eu for para o inferno, certamente vou pedir férias, porque vou querer saber como as coisas estão indo aqui na Terra."

Diferentemente de qualquer outro político moderno, o Dalai Lama tem uma fé quase infantil em milagres políticos: "Um dia, cooperaremos com a China sem problemas." Ao perceber uma reação duvidosa, ele aponta a amizade milagrosa entre Alemanha e França ou a reconciliação entre Alemanha e Polônia. "Fica fácil de ver que existe outro caminho!"

Ele coloca mais esperança em dois segmentos da população chinesa: os jovens e os 400 milhões que acreditam e praticam o budismo. Na visão dele, o comunismo chinês é uma enorme lacuna espiritual. "O que são 65 anos de comunismo comparados a 1300 anos de budismo tibetano?", pergunta o monge de Lhasa.

O "Telhado do Mundo" é o campo de batalha de uma disputa mental quase inacreditável entre a nação mais religiosa do mundo e sua ideologia mais materialista. O futuro do mundo está no resultado. Algumas pessoas podem achar que se trata de um caso de Davi contra Golias. Mas o tibetano diz: "Todos sabemos quem ganhou daquela vez."

Mas, para o Dalai Lama, a não violência não é a mesma coisa que dançar em volta dos problemas com cuidado. Como sempre, ele insiste na clareza da mente. Acusa os invasores chineses de genocídio cultural e de barbárie cultural sem igual nas montanhas. Como Alexander Solzhenitsyn escreveu: "O holocausto que aconteceu no Tibete revelou a China comunista como um executor desumano e cruel — mais brutal e desumano do que qualquer outro regime comunista no mundo."

Cerca de seis milhões de tibetanos residem dentro das antigas fronteiras do Tibete. Mas Beijing tem planos de estabelecer até 20 milhões de chineses ali. O Dalai Lama sempre diz que seus compatriotas devem estar muito desesperados para, durante os últimos quatro anos, 135 tibetanos terem se incendiado em protesto contra a ocupação chinesa.

Quando perguntei como ele se mantém tão em forma aos oitenta anos, ele respondeu com a risada inevitável: "Isso é simples... não janto há cinquenta anos!" Ele se deita às 18h30 toda noite e dorme até 3h30. Depois, medita até as 7h e toma o café da manhã antes de começar a trabalhar.

O Dalai Lama é a personificação de uma série de valores éticos e espirituais: resistência contra o domínio da violência, crítica ao capitalismo (como o Papa), amor aos animais, defesa do meio ambiente e oposição a armas nucleares. Isso mais parece uma lista de causas da esquerda ocidental. Mas ele se recusa a ser classificado ideologicamente.

Ele é vítima de perseguição e vencedor do prêmio Nobel da Paz. Algumas pessoas dizem que ele alcançou a Iluminação. Ele é insuperável na guerra das almas. Incidentalmente, um intelectual alemão certa vez perguntou a ele: "Sua santidade, como posso chegar à Iluminação depressa?" Ele respondeu: "O melhor a se fazer é ir ao médico e tomar uma injeção."

Foi uma experiência para não ser esquecida, em Hamburgo, no verão de 2014. Durante quatro dias seguidos, 7 mil pessoas se reuniram em um centro de conferência para vê-lo falar — duas vezes por dia. O Dalai Lama falou por até cinco horas por dia, por quatro dias, sem anotações. Muitas pessoas riram, algumas choraram e todo mundo escutou atentamente. Como o homem faz isso? Bem, com certeza ele tem muito a nos contar.

Frank Alt

O DALAI LAMA:
UMA VIDA EM DATAS

1935: No dia 6 de julho, o futuro Dalai Lama nasceu em uma família de agricultores no vilarejo tibetano de Taktser com o nome de Lhamo Dhondrub. Aos dois anos, ele foi reconhecido como a reencarnação do Dalai Lama ("oceano de sabedoria"), levado a Lhasa e entronado aos quatro anos e meio. Como monge budista, recebeu o nome de Tendzin Gyatsho. Aos seis anos, começou seu treinamento em dialética, arte tibetana e cultura, linguística, medicina e filosofia budista, o assunto mais importante para ele. Foi considerado a reencarnação de Chenrezig, o Buda da Compaixão.

1950: O exército de Libertação Popular invadiu o Tibete e ocupou o país. No dia 17 de novembro, o Dalai Lama, com quinze anos, assumiu a tarefa de governar.

1954: Viajou para Beijing e participou de encontros sobre paz com Mao Zedong, Zhou Enlai e Deng Xiaoping — sem sucesso.

1959: No dia 10 de março, os tibetanos realizaram uma revolta contra o domínio estrangeiro, provocando um conflito sangrento causado pelos chineses. Cerca de 90 mil tibetanos perderam a vida. O Dalai Lama fugiu para a Índia e fundou um governo exilado em Dharamsala. Centenas de milhares de tibetanos escaparam dos perigos de sua terra e procuraram refúgio pelo mundo, um êxodo que ainda está em andamento.

1966-1976: Durante a Revolução Cultural da China, quase todos os 6 mil mosteiros foram destruídos.

1987: Anunciou o "Caminho do Meio". De acordo com essa nova abordagem, o Tibete deixou de buscar independência da China, mas autonomia dentro do estado chinês, parecida com a situação de Tirol do Sul dentro da Itália.

1989: Recebeu o prêmio Nobel da Paz em Oslo. O Comitê do prêmio explicou: "Sua santidade desenvolveu sua filosofia de paz a partir de um grande respeito por todos os seres vivos e com base no conceito da responsabilidade universal envolvendo toda a raça humana, assim como a natureza."

2010: No começo de março, dezenas de milhares de tibetanos no mundo todo protestaram contra a ocupação violenta da China do "Telhado do Mundo".

2011: Passou a liderança política do Tibete a Lobsang Songay, eleito primeiro-ministro do governo exilado tibetano. O Dalai Lama queria ser um "simples monge", apesar de muitos tibetanos o alçarem a status de deus.

Entre 2009 e abril de 2015, cerca de 137 tibetanos cometeram autoimolação em protesto contra as políticas repressivas da China no Tibete.

2015: Uma frase de um de seus guarda-costas: "Não tenho nada para fazer. Todo mundo o ama!"

O 14º Dalai Lama será o último? Em muitas entrevistas, ele afirmou que a instituição do Dalai Lama deveria terminar com ele, já que teme que o Partido Comunista da China queira indicar sozinho o próximo Dalai Lama. Ele procura evitar isso. No passado, monges de alto escalão identificaram o Dalai Lama, mas agora os oficiais comunistas dizem que seu partido tem o direito de determinar o processo religioso de reencarnação. Beijing acusa o Dalai Lama de destruir "a ordem natural do budismo tibetano". Ao fazer isso, o Partido Comunista da China quer ir além do controle de nascimentos, começando a controlar renascimentos.

Na verdade, não há dúvidas de que depois de mais de 60 anos de domínio comunista sobre o Tibete, quase todos os tibetanos respeitem o Dalai Lama como seu líder religioso e desejem seu retorno.

PUBLISHER
Omar de Souza

GERENTE EDITORIAL
Mariana Rolier

EDITORA
Alice Mello

COPIDESQUE
Anna Beatriz Seilhe

REVISÃO
Dênis Rubra

DESIGN DE CAPA
Túlio Cerquize

PROJETO GRÁFICO E DIAGRAMAÇÃO DE MIOLO
Julio Moreira | Equatorium

Este livro foi impresso em 2018,
pela Donnelley, para a HarperCollins Brasil.
O papel do miolo é avena 80g/m², e o da capa é
couché 150g/m².